まちごとアジア

Pakistan 002 Hunza

フンザ

カラコルムの麓「シャングリラへ」

ہنزہ

Asia City Guide Production

【白地図】パキスタン

ASIA
パキスタン

パキスタン

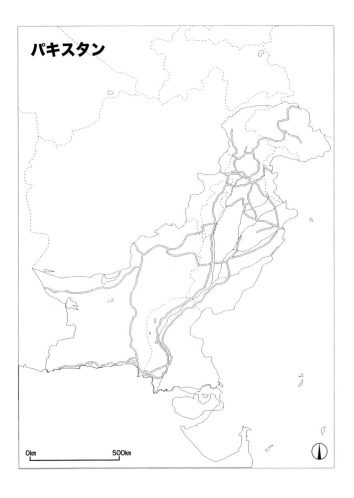

Hunza 白地図

【白地図】フンザとパキスタン北部

ASIA
パキスタン

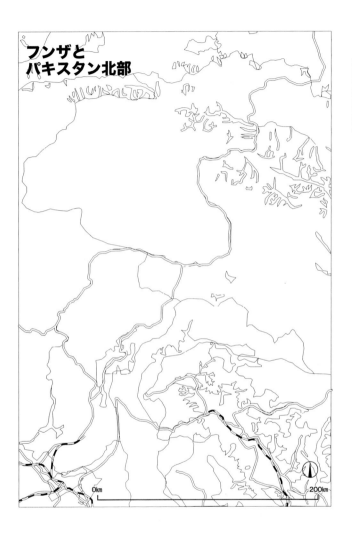

【白地図】フンザ（カリマバード）

ASIA
パキスタン

フンザ（カリマバード）

Hunza 白地図

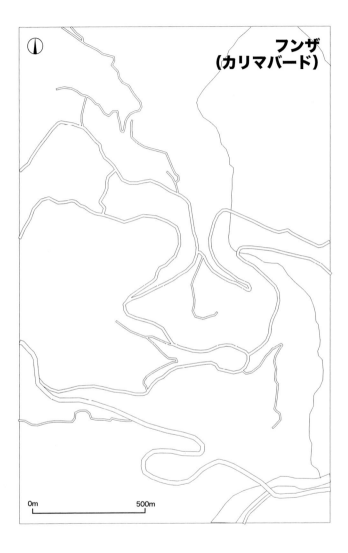

【白地図】フンザ郊外

ASIA
パキスタン

フンザ郊外

Hunza 白地図

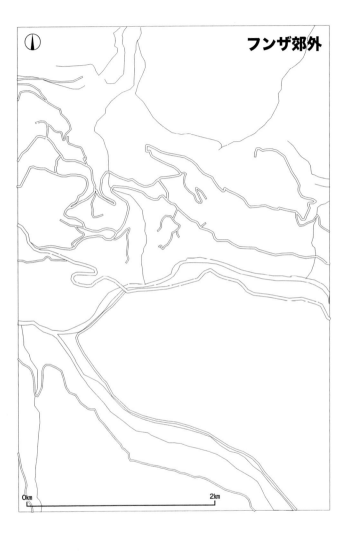

【白地図】ワハン回廊とカラコルムハイウェイ

ASIA
パキスタン

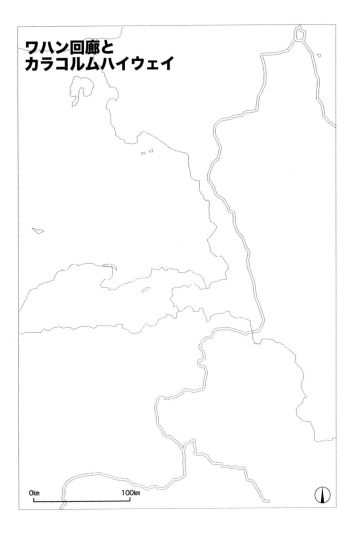

【白地図】上フンザゴジャール地方

ASIA
パキスタン

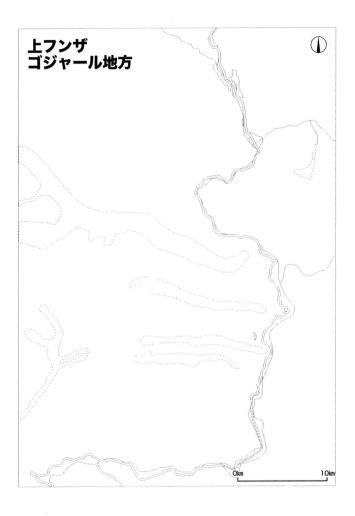

【まちごとアジア】

パキスタン002 フンザ

パキスタン003 ギルギット（KKH）

パキスタン004 ラホール

パキスタン005 ハラッパ

パキスタン006 ムルタン

ASIA
パキスタン

パキスタン北部の山岳地帯、フンザ川が流れる谷あいにひっそりとたたずむフンザ。ここは標高2500mの渓谷の斜面に開けた集落で、白雪をいただいた独立峰ラカポシ、その横にそびえるディランなど「白き神々の座」とたとえられる峰々が周囲を囲み、美しい景観を見せている。

フンザ人は、1000年ものあいだ外界との関係をあまりもつことなく、パキスタン独立後の1974年までフンザ・ミール（藩王）のおさめる独立国のような様相をていしていた。フンザで話されるブルシャスキー語は、周辺民族の言語とは異なる

Hunza
フンザ
ہنزہ

独立した言語と知られ、この谷の歴史や文化は平原部とは異なるものとなっている。

　フンザでは人々は氷河から流れる水を引き、杏や桃などの果樹が実る、四季折々の美しい自然が見られる。また渓谷に溶けこむようにして生きる人々のなかでは100歳を超える老人もめずらしくないという。そのようなところから、この谷は「シャングリラ（桃源郷）」と呼ばれている。

【まちごとアジア】
パキスタン 002 フンザ

ASIA
パキスタン

目次

フンザ………………………………………………………xiv

渓谷に桃源郷求めて ……………………………………xx

カリマバード城市案内 …………………………………xxix

ゴジャール城市案内 ……………………………………xlvii

幻のシャングリラはあった ……………………………lix

【MEMO】

Hunza フンザ

【地図】パキスタン

渓谷に桃源郷求めて

ASIA パキスタン

カラコルム山中の谷あいにたたずむフンザ
シャングリラにもたとえらえる
美しき渓谷と人々

とり残された「謎の民」

周囲の民族とは異なる孤立したブルシャスキー語を話すフンザの人々。フンザ人のなかには肌が白く、高い鼻をもち、西欧人のような「金髪に、青い瞳」の容姿をもつ人も見られる。フンザ人が「どのような出自か」は定かでないところが多く、これまで「謎の民」として語られてきた（1000年前にイラン方面から移住してきたという説が有力で、アレクサンダーにひきいられたギリシャ人の末裔、中央アジアからこの地に訪れた月氏やフン族の末裔といった説もある）。アレクサンダーとヒンドゥークシュ（山脈）の美女とのあいだに生まれ

Hunza 渓谷に桃源郷求めて

▲左 フンザ川をたどってゆく、道は長くけわしい。　▲右 フンザで逢った子どもたち、笑みが浮かぶ

たのが、フンザ・ミール（藩主）の祖先だという伝説も残っていて、フンザではアレクサンダーを意味する『シカンダル』という叙事詩が謡われる。

大自然とともに

アジア最奥部に位置するフンザ渓谷では、周囲にウルタル氷河をはじめとする氷河がせまり、そこから谷へと水がひかれている。氷河の水には豊富な鉱物資源がふくまれ、天然のミネラル・ウォーターを使ってフンザの果実や野菜は育てられている。滋味豊かな耕地で食物を育て、乾燥させた杏を厳し

ASIA
パキスタン

い冬の保存食にするといった生活。「彼らは数学なしに土木工事を、教化なしに徳性を、化学なしに農業を、医薬品なしに健康を、そして、交易なしに充分な資力を得てきた」(ピクトン博士)と言われるように、ここでは大自然と一体となった暮らしが見られる。

フンザ料理

フンザ川の流れる渓谷の斜面で耕作され、杏や桃、りんご、小麦などがフンザ人の食料となっている。フンザ人はこのようなフルーツから甘味をとるため、あまり砂糖を摂取しない

▲ ポーズをとる子どもたち、フンザ人はとても親日的

Hunza　渓谷に桃源郷求めて

という。とくに杏（アプリコット）の産地として有名で、乾燥させて冬の保存食として利用されるほか、種からは油をしぼり、かすは肥料として最大限に利用される（杏の油を使った料理は、油っこさがなく日本人の口にもあう）。またフンザでは、精製されていないチャパティが食され、それは天然のビタミンや酵素を残しているのだという。こうした食生活からフンザは世界でも有数の「長寿の里」として知られる。

【地図】フンザとパキスタン北部

ASIA
パキスタン

【MEMO】

ASIA
パキスタン

【MEMO】

【MEMO】

ASIA
パキスタン

Guide, Karimabad
カリマバード城市案内

フンザ渓谷の中心地カリマバード
長らくミール（藩主）の宮殿がおかれる
王国の中心だった

カリマバード Karimabad ［★★★］

山深いフンザの地では、パキスタン平原部の王朝の勢力が届くことは少なく、この地方独特の王権が長らく存在していた。フンザ王国とも呼ばれる半独立状態は 1974 年まで続き、ミール（藩主）による統治が行なわれてきた。このミールの暮らすフンザ渓谷の首府がカリマバードで、人々がこの谷に灌漑施設を整え、農耕を進めたことから「豊かな（カリーム）土地」と名づけられている。なおフンザ王国時代の国旗にはフンザを象徴する「弓と矢（フンザとは弓と矢を意味する）」、ラカポシなどの渓谷周囲の「白雪をつけた峰」とともに、イスラ

【地図】フンザ（カリマバード）

【地図】フンザ（カリマバード）の [★★★]
- [ ] カリマバード Karimabad

【地図】フンザ（カリマバード）の [★★☆]
- [ ] バルティット・フォート Baltit Fort
- [ ] バザール Bazar

【地図】フンザ（カリマバード）の [★☆☆]
- [ ] ポロ競技場 Polo Park
- [ ] ガネシュ・フォート Ganish Fort

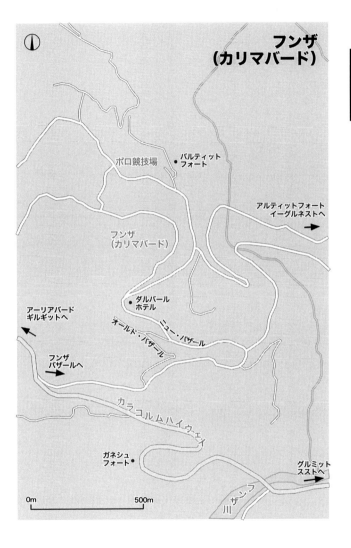

ASIA
パキスタン

ム教のシンボルである「三日月」が緑色の生地に描かれていた。

バルティット・フォート Baltit Fort ［★★☆］

フンザ渓谷を一望できる集落の頂部に立つバルティット・フォート。ここは1974年までフンザをおさめるミール（藩王）の宮殿だったところで、ラカポシ、ディラン、ゴールデン・ピーク、ウルタルといった渓谷をとり囲む山々をのぞむ最高の立地をもつ。創建は13世紀にさかのぼり、15世紀、バルティスタンのスカルドゥから王女を迎えたときに現在の姿となっ

▲左　絨毯屋の前でたたずむ人たち、バザールにて。　▲右　雄大な景色を見せるフンザ渓谷

た。フンザへ嫁ぐ王女のためにバルティスタンの職人が建てたところから、この名前がつけられ、建物はチベット建築を思わせる(フンザ東のバルティスタンはパキスタン領土だが、チベット文化圏にあり、チベット系の人々が暮らしている)。

バザール Bazar [★★☆]

観光客向けのホテルや土産物店がならぶフンザのバザール。もともとフンザの人々は、中国やインド方面との交易をとりもってきたが(とくにカシュガル方面)、現在は絨毯織りなどの産業も育てられている。この渓谷では商業にたずさわる

ASIA
パキスタン

▲左　断崖に建てられたバルティット・フォート、かつてミールの宮殿だった。
　▲右　フンザで出逢った子どもたち、笑顔で迎えてくれる

者よりも、麦、アプリコットなどの農業や家畜の世話などにたずさわる人々が多いほか、ダルバール・ホテルはフンザ・ミールの後裔が経営していることで知られる。

ジャマハナ Jamat Khane ［★☆☆］

ジャマハナはフンザで信仰されているイスラム教イスマイル派の礼拝所で、人々が集まる寄りあいの場にもなっている。イスマイル派はイスラム教シーア派の一派で、アガ・ハーンを宗教指導者とし、パキスタンで信仰されている他の宗派にくらべて寛容な戒律をもつ。その寛容な教えから、フンザで

【MEMO】

ASIA
パキスタン

はウルドゥー語で「水」を意味するフンザ・パニーというブドウ酒が親しまれ、女性の教育水準の高さなども特筆される。

ポロ競技場 Polo Park ［★☆☆］

ポロはパキスタン北部でもっとも人気の高いスポーツで、馬に乗った状態でボールを打ち点数が競われる。もともとポロは中央アジアを起源にすると言われ、英領インド時代にイギリスに伝わって近代ポロが生まれた。かつてフンザのミールが住民と一緒にポロで汗を流す様子が見られたという。

▲左　鷹のかたちをした岩、イーグル・ネスト。　▲右　学校に通う生徒たち、印象的な青色の服装をしていた

アルティット・フォート Altit Fort [★☆☆]

カリマバードから3kmのアルティット村に立つアルティット・フォート。村を守る城塞の役割をもち、フンザ川に面した断崖絶壁に立つため、城は空中に映える。あたりはリンゴやアプリコットの果樹園が多く、美しい渓谷の自然が堪能できる。

イーグル・ネスト Eagle Nest [★★☆]

標高3000mの高台に位置するイーグル・ネスト。ここからは渓谷が一望でき、フンザ川を中心に広がる美しい景色が見

【地図】フンザ郊外

【地図】フンザ郊外の [★★★]
- [ ] カリマバード Karimabad

【地図】フンザ郊外の [★★☆]
- [ ] バルティット・フォート Baltit Fort
- [ ] イーグル・ネスト Eagle Nest

【地図】フンザ郊外の [★☆☆]
- [ ] アルティット・フォート Altit Fort
- [ ] ガネシュ・フォート Ganish Fort
- [ ] ナガル Nagar

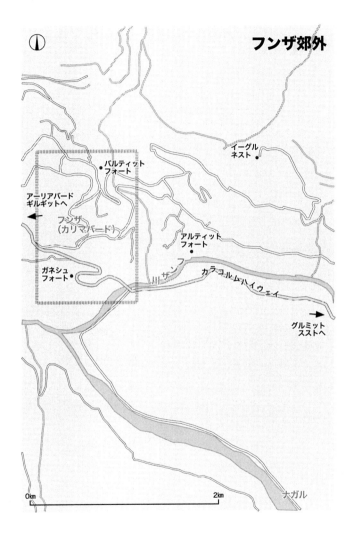

られる。イーグル・ネストという名前の通り、「鷹のかたち」をした岩がある。

ガネシュ・フォート Ganish Fort [★☆☆]
街道沿いのガネッシュ村に立つ1000年以上も前の砦跡ガネシュ・フォート。馬を壁につないだ鉄輪跡が残っていて、カラコルムを越える隊商が宿泊していた。かつて決して豊かとは言えない自然環境から、フンザの人々は、この地域を通る隊商を略奪していたとも伝えられる。ガネシュ・フォートの近くには岩絵が残っている。

▲左　フンザへ向かうバスで出逢った人々、長旅の疲れを見せない。　▲右　天気がよければラカポシやディランが見える

ラカポシ Rakaposhi ［★☆☆］

フンザを象徴する山ラカポシ。標高は 7788m でラカポシとはこの地方の神話上の人物である「ラカの展望地点」を意味する。またこの地に暮らすフンザやナガルの人々は、この山をドゥマニ（「真珠の首飾り」「雲の首飾り」）とアクセサリーにたとえて呼び、その美しさをたたえている。

ディラン Diran ［★☆☆］

フンザからはラカポシとならぶようにそびえるディラン。標高 7266m で三角形の峰をもつ。北杜夫『白きたおやかな峰』

ASIA
パキスタン

の舞台になった山として有名で、「ディランはお伽の国の魅惑にみちた特別製の砂糖菓子のように眩ゆく光り輝いた」という描写がある。

ウルタル氷河 Ultar Glacier [★☆☆]
フンザの背後にあるウルタル谷を登ったところで見られるウルタル氷河。ウルタル B.C. にはウルタルII峰で遭難した登山家、長谷川恒男の墓がある（フンザには長谷川氏未亡人の寄付による長谷川学校があり、フンザの人々が学んでいる）。

【MEMO】

ASIA
パキスタン

ナガル Nagar ［★☆☆］

フンザ川をはさんで対岸に位置するナガル。古くからフンザとはライバル関係にあり、フンザと同じく1971年まで藩主国として独立状態を保っていた。フンザ人がイスマイル派なのに対して、ナガル人はシーア派、色白のフンザ人に対して、ナガル人は色黒で背が低い。フンザのブルシャスキー語はナガルでも通じるが、半数の人々はシナ語を話すというように、近くにあって対照的な様子をしている（ナガルにもアレクサンダーの伝説が残っている）。ナガルをさらに奥に進むとホーパル氷河がある。

▲左　氷河の水がひかれた渓谷では緑が多く見られる、美しい谷の景観。
▲右　男性同士で手をつなぐのはパキスタンでは一般的なこと

フンザとのライバル関係

フンザ人とナガル人の違いは、フンザ人が西方、北方からやってきたのに対して、ナガル人は東方、南方からやってきたことに由来するという。旅行者が押し寄せるフンザにナガルが遅れをとるのは、ナガル人が谷の陰のほうに住み、あまり太陽があたらないせいだと揶揄される。両者は対立することが多かったが、英領インド時代、北方への進出を進めていたイギリスに対しては意見を一致させたと伝えられる。

【MEMO】

ASIA
パキスタン

**Guide,
Gojar**
ゴジャール
城市案内

フンザの奥の地域はゴジャールと呼ばれている
氷河が村々にせまり
素朴な生活を送る人々の姿が見られる

グルミット Gulimit [★★☆]

カラコルム、パミールの山々に囲まれたフンザ北部ゴジャール（上フンザ）の中心地グルミット。ここには1974年まで続いたフンザ王国（藩主国）の夏の離宮がおかれていた。標高2500mのこの町では近くまでバトゥーラ氷河やパスー氷河などがせまり、氷河からひかれた灌漑用の水で育まれた杏やりんごなどの果実が実る。グルミットに暮らすワヒ族のなかには、青い瞳、白い肌、金髪といった容姿をもつ人が多い。

【地図】ワハン回廊とカラコルムハイウェイ

【地図】ワハン回廊とカラコルムハイウェイの [★★★]
- [ ] カリマバード Karimabad

【地図】ワハン回廊とカラコルムハイウェイの [★★☆]
- [ ] ススト Sost
- [ ] クンジュラーブ峠 Khunjerab Pass

【地図】ワハン回廊とカラコルムハイウェイの [★☆☆]
- [ ] ラカポシ Rakaposhi
- [ ] ディラン Diran
- [ ] ミンタカ峠 Mintaka Pass

【地図】上フンザゴジャール地方

【地図】上フンザゴジャール地方の [★★★]
- [ ] カリマバード Karimabad

【地図】上フンザゴジャール地方の [★★☆]
- [ ] グルミット Gulimit
- [ ] パスー Passu
- [ ] ススト Sost

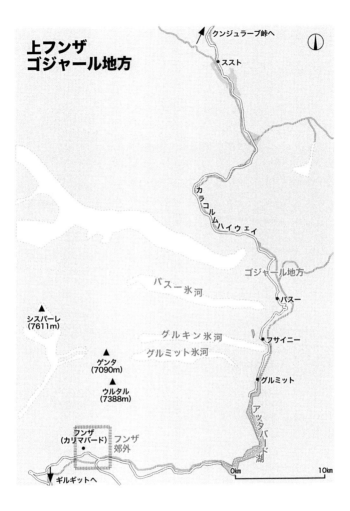

ASIA
パキスタン

▲左 青い服を着た生徒、寛容なイスマイル派が信仰されている。 ▲右
日本語で書かれた文字、パキスタン山岳地帯では親日的な人々に多く出逢う

大国のはざまで

フンザ渓谷には、下流部からフンザの低地に移住してきた人々、カリマバードを中心とした渓谷に住むフンザ人、そしてゴジャールに住むワヒ人という3つのタイプの人々が暮らしている。ワヒ人はイラン系の遊牧民で、ワハン回廊（アフガニスタン）からこの地にやってきたと考えられている。このワハン回廊は近代には中国（清朝）の影響下にあった時代もあり、その後、イギリスとロシアで繰り広げられたグレート・ゲームで両者がにらみあう場所となっていた（中央アジア側のロシアとインド・パキスタン側のイギリス）。両国の

【MEMO】

勢力が直接ぶつからないようにするため、アフガニスタンの領土は不自然に中国に向かって伸び、緩衝地帯としてワハン回廊が形成された。ワヒ族は国境を越えてパキスタン、アフガニスタンなどに暮らしていて、パキスタンでは少数民族となっている。

パスー Passu [★★☆]

グルミットの北、標高 2540m に位置するゴジャール地方の村パスー。グルミットからパスーまでのあいだはグルミット氷河、グルキン氷河、パスー氷河が横たわり、山々が美しい

▲左　青いまなざし、白い肌、金髪の少年たち、ここはパキスタン。　▲右　バスの屋根に積んだ荷物をおろす

パノラマを描いている。20世紀初頭、大谷探検隊がこの村を通り、「パスー村は低い丘を背に川の西岸にある。村の25家族の冬の住処は、村の中央に集まり、夏の住処は、杏の木の間に散在している」という記録を残している（大谷探検隊はタシュクルガンからミンタカ峠を通って、パスー、グルミット、フンザ、ギルギットへと足を進めた）。

ソスト Sost ［★★☆］

パキスタンと中国を結ぶカラコルム・ハイウェイ。ソストは国境のクンジュラーブ峠への足がかりとなるパキスタン側最

ASIA
パキスタン

奥の村となっている(標高3200m)。物資を運んだ車両が両国のあいだを往来し、ススト では漢字の書かれた中国製トラックも目につく。

クンジュラーブ峠 Khunjerab Pass [★★☆]

標高4730mに位置する世界でもっとも高所にある国境クンジュラーブ峠。中国新疆ウイグル自治区とパキスタンをつなぎ、ひいては中華世界とインド、ペルシャ世界の橋渡しになってきた。古代より文化や経済の交流がパミールを越えて行なわれ、中国からの隊商がこの峠を越え、またインドで生まれ

た仏教はこの道を通って東アジアに伝わった。

ミンタカ峠 Mintaka Pass［★☆☆］
クンジュラーブ峠の北西に位置するミンタカ峠は、歴史的にパミール交易の主要ルートだったところで、中国の求法僧や大谷探検隊もこの峠を越えている（標高 4709m）。1978 年に完成したカラコルム・ハイウェイがクンジュラーブ峠を通ることになったため、現在は荒涼とした景色が広がっている。

幻のシャングリラはあった

ヒマラヤ山中にあるというシャングリラ
美しい三角すいの山、100歳を超える人々
シャングリラの候補地にあげられる秘境フンザ

『失われた地平線』で描かれたシャングリラ

ジェームス・ヒルトンの小説『失われた地平線』のなかで描かれたこの世の理想郷シャングリラ。小説の主人公コンウェイたちは、チベットの山奥にあるシャングリラへ導かれ、白雪をいただく三角すいの山、年をとらずにゆうに100年以上も生きながらえる人々など、そこではそれまで見たこともないような幻想的な風景が広がっていた（「はるばる旅を続けて来て、今やっとここへ辿り着いたという、なかば神秘的な、なかば視覚的な感傷、いわば究極感ともいうべきものだった」と小説では描かれている）。ラカポシやディランといった峰、

ASIA
パキスタン

100歳を超える長寿の里などから、フンザこそこのヒルトンの描いたシャングリラではないか？　と目されている。

桃源郷をめぐって

小説『失われた地平線』のなかで描かれたシャングリラの候補地として知られるフンザ。一方でチベット自治区との省境近くに位置する中国雲南省にもシャングリラの候補地にあげられる場所がある。かつてその街は中甸と呼ばれていたが、2001年、地元政府が香格里拉（シャングリラ）と名前を変更した。この香格里拉にはチベット族が暮らしていて、フン

▲左　カリマバードから離れたアルティット村近くの様子、丁寧に石が組まれている。　▲右　畑を耕し収穫物を運ぶ、きたえられた足腰

ザ同様美しい景観をもつことで知られている。

Hunza　幻のシャングリラはあった

参考文献

『秘境フンザ王国』(島澄夫 / 二見書房)

『パキスタン・フンザの人びとと社会』(生井貞行 / 地理)

『クシャーン王朝と遺跡の旅 弓と矢の国フンザ』(井上靖 / 潮)

『カラコルムからパミールへ』(ティルマン / 白水社)

『ガンダーラへの道』(樋口隆康 / サンケイ出版)

『鎮魂のカラコルム』(石川信義 / 岩波書店)

『シルクロード探検』(大谷探検隊 / 白水社)

『失われた地平線』(ジェームス・ヒルトン / 新潮社)

『世界大百科事典』(平凡社)

まちごとパブリッシングの旅行ガイド

Machigoto INDIA , Machigoto ASIA , Machigoto CHINA

【北インド - まちごとインド】

001 はじめての北インド
002 はじめてのデリー
003 オールド・デリー
004 ニュー・デリー
005 南デリー
012 アーグラ
013 ファテープル・シークリー
014 バラナシ
015 サールナート
022 カージュラホ
032 アムリトサル

【西インド - まちごとインド】

001 はじめてのラジャスタン
002 ジャイプル
003 ジョードプル
004 ジャイサルメール
005 ウダイプル
006 アジメール（プシュカル）
007 ビカネール
008 シェカワティ
011 はじめてのマハラシュトラ
012 ムンバイ
013 プネー
014 アウランガバード
015 エローラ
016 アジャンタ
021 はじめてのグジャラート
022 アーメダバード
023 ヴァドダラー（チャンパネール）
024 ブジ（カッチ地方）

【東インド - まちごとインド】

002 コルカタ
012 ブッダガヤ

【南インド - まちごとインド】

001 はじめてのタミルナードゥ
002 チェンナイ
003 カーンチプラム
004 マハーバリプラム
005 タンジャヴール
006 クンバコナムとカーヴェリー・デルタ
007 ティルチラパッリ
008 マドゥライ
009 ラーメシュワラム
010 カニャークマリ
021 はじめてのケーララ
022 ティルヴァナンタプラム
023 バックウォーター（コッラム～アラップーザ）
024 コーチ（コーチン）
025 トリシュール

【ネパール - まちごとアジア】

001 はじめてのカトマンズ
002 カトマンズ
003 スワヤンブナート

004 パタン
005 バクタプル
006 ポカラ
007 ルンビニ
008 チトワン国立公園

【バングラデシュ - まちごとアジア】

001 はじめてのバングラデシュ
002 ダッカ
003 バゲルハット（クルナ）
004 シュンドルボン
005 プティア
006 モハスタン（ボグラ）
007 パハルプール

【パキスタン - まちごとアジア】

002 フンザ
003 ギルギット（KKH）
004 ラホール
005 ハラッパ
006 ムルタン

【イラン - まちごとアジア】

001 はじめてのイラン
002 テヘラン
003 イスファハン
004 シーラーズ
005 ペルセポリス
006 パサルガダエ（ナグシェ・ロスタム）
007 ヤズド
008 チョガ・ザンビル（アフヴァーズ）
009 タブリーズ
010 アルダビール

【北京 - まちごとチャイナ】

001 はじめての北京
002 故宮（天安門広場）
003 胡同と旧皇城
004 天壇と旧崇文区
005 瑠璃廠と旧宣武区
006 王府井と市街東部
007 北京動物園と市街西部
008 頤和園と西山
009 盧溝橋と周口店
010 万里の長城と明十三陵

【天津 - まちごとチャイナ】

001 はじめての天津
002 天津市街
003 浜海新区と市街南部
004 薊県と清東陵

【上海 - まちごとチャイナ】

001 はじめての上海
002 浦東新区
003 外灘と南京東路
004 淮海路と市街西部
005 虹口と市街北部
006 上海郊外（龍華・七宝・松江・嘉定）
007 水郷地帯（朱家角・周荘・同里・甪直）

【河北省 - まちごとチャイナ】

001 はじめての河北省
002 石家荘
003 秦皇島
004 承徳
005 張家口
006 保定
007 邯鄲

【江蘇省 - まちごとチャイナ】

001 はじめての江蘇省
002 はじめての蘇州
003 蘇州旧城
004 蘇州郊外と開発区
005 無錫
006 揚州
007 鎮江
008 はじめての南京
009 南京旧城
010 南京紫金山と下関
011 雨花台と南京郊外・開発区
012 徐州

【浙江省 - まちごとチャイナ】

001 はじめての浙江省
002 はじめての杭州
003 西湖と山林杭州
004 杭州旧城と開発区
005 紹興
006 はじめての寧波
007 寧波旧城
008 寧波郊外と開発区
009 普陀山
010 天台山
011 温州

【福建省 - まちごとチャイナ】

001 はじめての福建省
002 はじめての福州
003 福州旧城
004 福州郊外と開発区
005 武夷山
006 泉州
007 厦門
008 客家土楼

【広東省 - まちごとチャイナ】

001 はじめての広東省
002 はじめての広州
003 広州古城
004 天河と広州郊外
005 深圳(深セン)
006 東莞
007 開平(江門)
008 韶関
009 はじめての潮汕
010 潮州
011 汕頭

【遼寧省 - まちごとチャイナ】

001 はじめての遼寧省
002 はじめての大連
003 大連市街
004 旅順
005 金州新区

006 はじめての瀋陽
007 瀋陽故宮と旧市街
008 瀋陽駅と市街地
009 北陵と瀋陽郊外
010 撫順

【重慶 - まちごとチャイナ】

001 はじめての重慶
002 重慶市街
003 三峡下り(重慶〜宜昌)
004 大足

【香港 - まちごとチャイナ】

001 はじめての香港
002 中環と香港島北岸
003 上環と香港島南岸
004 尖沙咀と九龍市街
005 九龍城と九龍郊外
006 新界
007 ランタオ島と島嶼部

【マカオ - まちごとチャイナ】

001 はじめてのマカオ
002 セナド広場とマカオ中心部
003 媽閣廟とマカオ半島南部
004 東望洋山とマカオ半島北部
005 新口岸とタイパ・コロアン

【Juo-Mujin(電子書籍のみ)】

Juo-Mujin 香港縦横無尽
Juo-Mujin 北京縦横無尽
Juo-Mujin 上海縦横無尽

【自力旅游中国 Tabisuru CHINA】

001 バスに揺られて「自力で長城」
002 バスに揺られて「自力で石家荘」
003 バスに揺られて「自力で承徳」
004 船に揺られて「自力で普陀山」
005 バスに揺られて「自力で天台山」
006 バスに揺られて「自力で秦皇島」
007 バスに揺られて「自力で張家口」
008 バスに揺られて「自力で邯鄲」
009 バスに揺られて「自力で保定」
010 バスに揺られて「自力で清東陵」
011 バスに揺られて「自力で潮州」
012 バスに揺られて「自力で汕頭」
013 バスに揺られて「自力で温州」

【車輪はつばさ】
南インドのアイラヴァテシュワラ寺院には建築本体に車輪がついていて寺院に乗った神さまが人びとの想いを運ぶと言います。

・本書はオンデマンド印刷で作成されています。
・本書の内容に関するご意見、お問い合わせは、発行元の
　まちごとパブリッシング info@machigotopub.com までお願いします。

まちごとアジア
パキスタン002フンザ
～カラコルムの麓「シャングリラへ」［モノクロノートブック版］

2017年11月14日　発行

著　者	「アジア城市（まち）案内」制作委員会
発行者	赤松　耕次
発行所	まちごとパブリッシング株式会社 〒181-0013　東京都三鷹市下連雀4-4-36 URL http://www.machigotopub.com/
発売元	株式会社デジタルパブリッシングサービス 〒162-0812　東京都新宿区西五軒町11-13 清水ビル3F
印刷・製本	株式会社デジタルパブリッシングサービス URL http://www.d-pub.co.jp/

MP072

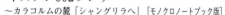

ISBN978-4-86143-206-4 C0326　　　　Printed in Japan
本書の無断複製複写（コピー）は、著作権法上での例外を除き、禁じられています。